PALAVRAS PARA GRITAR
EM MEIO AO CAOS

# PALAVRAS PARA GRITAR EM MEIO AO CAOS

## TEMPO FEIO

é
Filipe Mantovan

Palavras para gritar em meio ao caos © Filipe Mantovan, 10/2020
Palavras para gritar em meio ao caos © Crivo Editorial, 10/2020

Edição: Haley Caldas e Lucas Maroca de Castro
Projeto gráfico e diagramação: Haley Caldas
Lettering: Filipe Mantovan
Revisão: Amanda Bruno de Mello
Curadoria da Coleção Compartilha: Fernando Suhet

Dados Internacionais de Catalogação na Publicação (CIP) de acordo com ISBD
••••••••••••••••••••••••••••••••••••••••••••••••••••••••••••••••••••
M293p      Mantovan, Filipe

Palavras para gritar em meio ao caos / Filipe Mantovan. - Belo Horizonte, MG : Crivo Editorial, 2020.
172 p. ; 13,6cm x 20,4cm. – (Coleção Compartilh@)

Inclui índice.
ISBN: 978-65-991776-6-8

1. Literatura brasileira. 2. Reflexões. I. Título. II. Série.

CDD 869.8992
2020-2394                                    CDU 821.134.3(81)
••••••••••••••••••••••••••••••••••••••••••••••••••••••••••••••••••••
Elaborado por Vagner Rodolfo da Silva - CRB-8/9410

Índice para catálogo sistemático:
1. Literatura brasileira 869.8992
2. Literatura brasileira 821.134.3(81)

Crivo Editorial
Rua Fernandes Tourinho, 602, sala 502
30.112-000 - Funcionários - Belo Horizonte - MG

www.crivoeditorial.com.br
contato@crivoeditorial.com.br
facebook.com/crivoeditorial
instagram.com/crivoeditorial
crivo-editorial.lojaintegrada.com.br

# Sumário

Sobre a dor  8
Sobre a revolta  32
Sobre recomeços  60
Sobre o tal do amor-próprio e
outras providências  88
Sobre a paixão e outras consequências  112
O amor, não é que ele veio?  146

Dedico este livro a todos vocês que fazem ou já fizeram parte da minha vida, seja em uma frase, um capítulo ou o livro inteiro. Seria impossível escrever uma única linha sem vocês.

# Sobre a dor

DECEPÇÃO É A RESSACA
DA ALEGRIA FALSA QUE
VOCÊ BEBEU DEMAIS.


TEMPO FEIO

Tudo tão digital
Amigos, família, poesia, jornal
Sorrisos, saudade, vida social
Início, conflito, mensagem
Final

Partir é, ao mesmo tempo, ir embora e dividir ao meio.

Eu me pergunto
entre um gole e outro
eu me pergunto
olhando no espelho
eu me pergunto
o que eu fiz de errado?

Eu me repondo
errou como sempre
amou demais
sem medir as consequências

De todos os erros
o melhor

Quando você colide com a realidade, você vai ver os pedacinhos dos seus sonhos espalhados pelo chão.

A dúvida é uma derrota. A incerteza já é o fim.
Quem ama sabe, quem não é amado, também.

Decepção é roubo, assalto à mão armada. É colocar tudo dentro de uma caixa pro outro levar embora. Leva o amor, a paixão, a esperança, os planos, os sonhos... Rouba tudo aquilo que você levou um bom tempo para construir. Do nada, você, que flutuava na brisa doce de uma manhã, acorda com uma tempestade revirando a sua casa e te jogando no chão. E é lá mesmo que você fica por um tempo: no chão. Faltam forças pra fazer as coisas mais básicas do dia a dia, como respirar, por exemplo. Dá fome, mas não dá vontade de comer. Dá sono, mas não dá vontade de dormir. Parece que cresce um buraco na boca do estômago. A impressão é de que levaram alguma coisa ali de dentro. Falta algo em você. A boa notícia? Falta algo que nunca foi seu.

Nesse momento, me encontro invisível. É como se minha chama estivesse apagada. Eu não tenho mais cores, nem detalhes. Sou apenas um rascunho em preto e branco vagando por aí.

Meu maior medo diante da decepção é que o frio da barriga mude pro coração.

Descobri o que era TOC quando vi você fora do lugar:
Fora da minha vida.

Existiu o antes de você
E existiu o depois de você
Hoje eu existo e resisto
A essa vontade de te ver

## AÇÚCAR

Não sei dizer muito bem como aconteceu. O primeiro olhar foi numa noite fria, em um bar quase vazio. Em muito pouco tempo já tinha espaço em meu guarda-roupas e tomou conta do café da manhã, me proibindo o açúcar refinado. A fruteira, enfim, ganhou cores com as frutas frescas da banca, flores começaram a aparecer pelos cantos da casa. A música também tomou conta dos meus dias; tudo era música, do rap aos boleros que eu nunca havia escutado. Usava minhas camisetas pra dormir, usava meu relógio pra acordar e usava o meu corpo pra encostar... E foi assim: partiu do mesmo jeito que chegou, levando tudo o que eu tinha – não o que eu já tinha –, lá continua tudo no mesmo lugar. Levou as flores, levou as frutas, levou a música, o perfume doce que pairava no quarto e o abraço que me despertava às sete da manhã. Levou tudo o que eu tinha... E deixou o açúcar refinado.

Foda é ter que ir buscar suas coisas, pois elas já não têm o mesmo valor. Um sofá com tanta história pra contar agora é só um lugar pra sentar o rabo.

Não há sono, não há fome, não há vaidade
Não há esperança, não há música, não há coragem
Seu corpo e sua mente são inimigos seculares

Os gritos mais altos não emitem um só ruído.

Eu sei que tudo passa, eu sei que é questão de tempo. Mas me deixa aqui, porra. Eu quero sentir, eu preciso de tudo isso. Quanto maior for a dor, menores serão as chances de eu cometer o mesmo erro.

O problema não é estar no fundo do poço, é não fazer a mínima ideia de como sair de lá.

## LAMA

Eu ando destruído e com a cabeça em silêncio
à minha volta lares tão belos, tão decentes
nunca fui capaz de vencer direito
nem eu entendo porque vivo desse jeito

jogado no ar
dando voltas no mesmo lugar
um belo assunto pra um almoço de família
quantas derrotas cabem numa vida?
eu não vou me livrar dos meus defeitos
eu ainda posso acabar comigo mesmo
eu sou um eterno risco

não sei sentir inveja de posses e sorrisos
eu não me importo se nada faz sentido
eu já até ajoelhei pra me explicar
pedir um pouco de amor, de ódio e até mesmo

um pouco de paz
mas na verdade tanto faz
eu sou perito em perder os meus amores

eu fiz escola de medos e temores
eu avisei: vê se não reclama, eu tô falido
bem-vindo à minha lama

espero

ansiosamente

mais do que nunca

esse tal do "tudo passa"

Passado, presente,
Futuro, *vá em frente!*

Não posso mais me motivar e
pra ser sincero

Foda-se o meu ego

Eu tento esquecer, eu vou esquecer, mas no momento eu sou metade lembranças, metade saudades.

Nenhum espinho nasceu sem motivo.

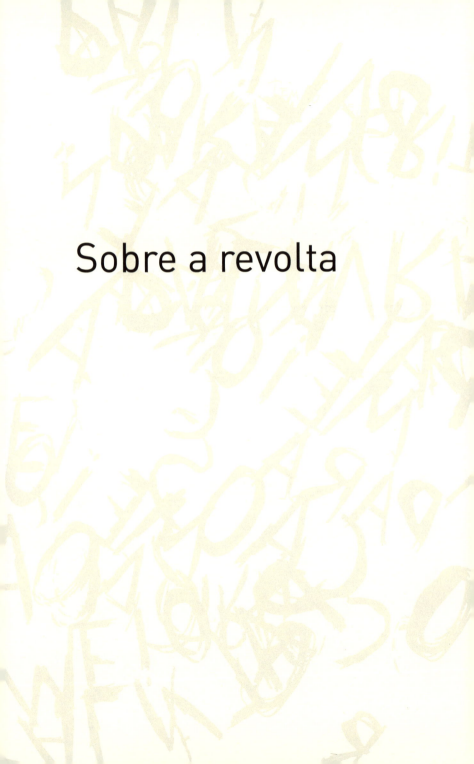

# Sobre a revolta

SE EU ME DESPEDAÇO
EM TODO FIM, O QUE
SOBRARÁ DE MIM?


TEMPO FEIO

Tenho olhado muito para o céu

Como se as respostas estivessem lá no alto

Como se o amanhã vivesse nas nuvens

Como se o remédio fosse um raio de sol

Que bom seria

Toda vez que chovesse

Eu encontrasse a minha paz

Não troco uma verdade boba por mil mentiras que possam me alegrar.

## APELO À VERDADE E OUTRAS PROVIDÊNCIAS

Por favor, minha senhora, se faça presente.
Por onde anda que quase não a vejo?
Não queria te falar nada não… Mas já falando – parece que a mentira conquistou seu território. Também, você não se impõe, não faz seu nome, fica com esse papo de que "a verdade sempre aparece", mas só te acho mesmo é na boca desse povo que, de tão simples, nem precisa mentir. Com uma coisa eu concordo: esse lance que espalharam por aí de que "a verdade dói" te prejudicou, porque dói mesmo. Dói, porque a mentira vem afável como um cachecol, que não espanta todo o frio, mas protege a garganta seca de quem às vezes precisa te engolir. A "mentira tem perna curta"? Talvez! Mas perna curta não impede ninguém de chegar longe. Já você, minha senhora, só aparece mesmo é na boca de criança alegre que ainda não descobriu a vantagem do choro falso. Eu até entendo, o que se pode fazer? Eu imagino um mundo de pessoas extremamente sinceras. Seria um caos. Eu mesmo perderia empregos e amores antes mesmo de começarem. Percebe como a senhora é

perigosa? Inimiga dos bons costumes! E daí? Por favor, se faça presente. Nem que seja nas mensagens de "eu te amo" que encerram as noites de quem só precisa dormir tranquilo. É isso, minha senhora! Acho que nós podemos chegar a um acordo: se faça presente ao menos no amor, o resto que se foda, sempre foi tudo bagunçado mesmo. O amor! Ele não resiste a toda e qualquer coisa, como dizem alguns poetas da autoajuda. Dependendo da altura do tombo ele não se levanta mais. Pois é: o amor anda frágil, a senhora anda sumida, está ficando difícil esperar algo do futuro (que, por sinal, não faz a mínima ideia de como agir diante dos fatos). Pelo menos no amor, e não se fala mais nisso. Venha doce na brisa da noite e estacione no peito de quem precisa te usar. Teremos consequências? Certamente! Até porque a gente anda mentindo por muito pouco, às vezes é melhor mentir que falar a verdade. Eu sei, agora estou sendo contraditório. Na verdade, estou como o futuro: não sei agir diante dos fatos. Quer saber, minha senhora? Faça o que quiser! Porque, se de fato existe alguma verdade, é que ninguém nessa vida nunca foi seu dono!

Aprenda:

A consideração vai embora bem antes das pessoas.

Abraços apertados e sinceros em extinção
Beijos demorados sem ter onde morar
Promessas cada vez mais vagas e escassas
Planos escritos a lápis no azulejo

O amor respira por aparelhos
No coração de quem ainda acredita

Parei de cobrar amor quando descobri que amor não é negócio

Nós construímos um mundo onde o *dinheiro* prevalece.
E agora a gente vem com esses papos de *amor*.

Todo passado é um quadro na parede. Você decide se vai pendurar na sala ou no porão.

Você precisa entender que *esquecer* é um ato involuntário. Não é possível remover acontecimentos da nossa cabeça da noite para o dia, nem mesmo em anos. Talvez isso seja uma defesa interior, uma adaptação metafísica que ocorreu ao longo do tempo. Afinal, é necessário se lembrar das coisas para que elas não aconteçam novamente. Tudo o que acontece, por pior que seja, tem algo a ensinar.

Vê se muda

Vê se cresce

Vê se floresce

Às vezes me sinto um inseto em busca de uma lâmpada que nunca se apague.

Grande parte dos insetos se orientam pela luz do luar. Muitas vezes, quando a lua se esconde, eles se perdem. Isso faz com que busquem luzes artificiais e acabem confundindo uma luminária com a própria lua.

O medo de se perder faz com que você se agarre a qualquer coisa que brilhe, mesmo que ela seja bem diferente daquilo que você realmente busca.

A gente precisa dar um jeito de se divertir no meio dessa merda toda.

## SOMOS FILMES

Às vezes, quando eu acordo, me sinto numa Itália pós-guerra do Fellini, juntando os cacos pra poder recomeçar.

Às vezes, quando ando pelas ruas, me sinto um pouco Almodóvar, vendo a promiscuidade em olhares que se cruzam num bar.

Tem tanto de Rocky nos meus dias que eu até imagino ele me dizendo "Ninguém vai bater mais forte do que a vida."

E me diga sinceramente se nesse trânsito, no auge da angústia, você nunca pensou em ter um dia de fúria?

Jogar tudo pro alto e virar um bandido insano do Scorsese ou do Tarantino, virar um anti-herói e acabar com todo esse circo.

Uma Cidade de Deus pra cada região desse país.
Uma Central do Brasil pra quem quiser fugir.
Um Deus e o Diabo na Terra do Sol pra cada um.
Um Abril Despedaçado pra uma vingança em comum.

Um Carandiru de um sistema que faliu.
Um Pixote em cada esquina pra justiça que ruiu.

Um Bacurau pra quem não entendeu o recado.
A hora que a gente acordar vai ser um belo de um estrago.

O amor não acaba no primeiro boleto atrasado.

Eu estou realmente farto dessas pessoas que colocam "meta de relacionamento" em planilhas de Excel.

Às vezes eu acho que não serei mais capaz de gostar de alguém. A vida bateu forte e eu estou me transformando em uma parede cada vez mais sólida e dura. Cada um que tenta entrar vira um prego torto caído no chão.

Uma hora você descobre que a felicidade é tudo aquilo para o que a gente não deu muita importância.

São nos detalhes que a gente fica
São nos detalhes que a gente vai

#Saúdemental
#Resiliência
#Amorpróprio
#Empatia

As hashtags nos habitam.
O problema é que o #caos também.

Quem gosta faz o corre

Minha mãe sempre disse
"Um dia você aprende"
Sigo aguardando esse dia.

Se você pudesse dar um grito pro mundo inteiro escutar, o que você iria gritar?

O fim machuca

Mas o começo e o meio valem a pena

# Sobre recomeços

TRISTEZA É ROUPA MOLHADA
EM VARAL DE INVERNO:
DEMORA, MAS SECA.


TEMPO FEIO

O que sobrou da tempestade?

Se você ainda está de pé, sobrou o recomeço.

Você leva um tempo pra aprender que o tempo é a melhor escola.

Aprendi que desistir não é uma vergonha e que recomeçar do zero é até mais fácil pra quem está no menos um.

Aprendi muito gostando de quem não dava a mínima. Aprendi que no começo é difícil e que depois piora, que cedo ou tarde você vai ter que lidar com uma foto de casal em algum lugar bonito, com uma frase de amor mais bonita ainda na legenda... E logo você, que nunca foi egoísta, vai desejar que o mundo acabe em fogo e gelo ao mesmo tempo. Vai se questionar diante dos espelhos, vai desprezar o próprio corpo, vai fazer promessas de mudanças — muitas vezes sem precisar mudar porra nenhuma—, vai assumir o erro do fracasso como se o amor fosse a merda de um emprego que você conquista depois de se formar. Como se existisse protocolo pra alguém se apaixonar. Aprendi que desistir nem sempre é uma vergonha e que recomeçar do zero é até mais fácil pra quem está no menos um... E descobri, descobri que jurar amor eterno a quem não te ama é coisa de poeta, louco, bêbado, desgraçado e sofredor voluntário do século XVIII. Então, me resta ser feliz — fodam-se os poetas, foda-se você.

Aproveite que seu coração foi partido e ame em dobro quem sempre te amou por inteiro.

Ficar sem chão é o primeiro passo pra voar mais alto.

Onde eu estava todo esse tempo que deixei de ver a beleza do sol alimentando as flores?

Pra cada boca que sorriu eu contei uma vitória.

É engraçado, nós enxergamos todas as partidas como um final, mas esse é só um lado da história. O final também proporciona um início, um recomeço, uma nova oportunidade diante dos olhos que, na maioria das vezes, demoramos um pouco pra enxergar. Hoje eu paro e penso em todos os recomeços que eu não trocaria por nada, em todo o aprendizado e na delícia de me sentir livre da dor e diante do prazer de uma nova relação, de um novo momento, de dias felizes que eu construí depois de ter passado um bom tempo na merda. O tempo é mesmo um remedinho foda, que demora pra fazer efeito, mas resolve. Não precisa me dizer que é difícil. Eu sei. Mas depois de todo final existe um início, a vida não é o nosso livro preferido que acaba na página 414. Ela é um romance sem fim, porque mesmo após a morte vão escrever sobre você... Falando em livros, nós temos tanto o que escrever. Eu já vi histórias tão lindas que nasceram depois de tempestades, todos os dias romances são impressos aos montes na cabeça daqueles que insistem em amar. Deixe o que passou para lá e continue, nunca esqueça que você é o autor da sua história. Você é a caneta e o papel, uma poesia pichada num muro, um bilhete de amor perdido no vento... Se tudo tem "começo, meio e fim", coloque mais um "começo" na frente do "fim".

Use seu corpo com vontade.
Um dia ele acaba.

Nossos mundos andam em conflito {caminhos}
Uma fenda na cabeça daqueles que não querem ouvir mais
Um passado pra entender
Um presente pra viver
Um problema imenso pra quem já não se ama mais

Vamos brindar
com um vinho barato
num banco de praça
convencer os cretinos
que o amor é de graça

Perdi noites de sono tentando resolver problemas pelos quais, hoje em dia, não perderia nem o meu almoço.

Tá faltando coragem
no seu medo
tá faltando medo
na sua prepotência
e tá faltando prepotência
na sua submissão

Vá até o banheiro, olhe no fundo dos próprios olhos no espelho e diga pra si mesmo:
Foda-se!
Repita e fale mais alto:
Foda-se!
É isso que a maioria dos seus problemas merece ouvir.

Tem coisa complicada mesmo, mas tem uma porrada de outras coisas que a gente transforma numa imensa treta sem fim nos labirintos da consciência, como aquele conflito épico que você teve sozinho no banheiro, discutindo com o espelho sobre algo que muito provavelmente nem vai acontecer. A verdade é que a gente anda se preocupando tanto com coisas idiotas que até se esquece de valorizar os pequenos prazeres do dia. É muito tempo pensando no que os outros vão pensar, sendo que provavelmente os outros sequer vão pensar, pois estarão ocupados pensando no que outros ainda pensariam. É sempre muito bom deixar nossas relações em harmonia, resolver pequenos desentendimentos, mas ninguém aqui é o Dalai-lama, porra! Nós vivemos no meio de explosões de caos o tempo todo, não dá pra crucificar o coleguinha porque ele não falou "bom dia". Você sabe se ele teve um dia bom? E se o dia dele estava um poço de merda até a tampa? Ele precisa vestir a máscara da hipocrisia e sorrir só para não afetar sua energia superpositiva? Meu cu! Nunca quis estragar o dia de ninguém, mas tem hora que a única coisa que a gente precisa é de UM TEMPO. Porque amanhã vai ser melhor, eu vou chegar com um sorriso no rosto, vou te chamar pra tomar um café, você vai me perguntar se estava tudo bem, porque ontem eu estava com uma cara ruim. Eu vou responder que sim, foi só um dia ruim... E foi só isso mesmo; mais um dia ruim pensando em problemas mais solúveis que um café, mas eu toquei um foda-se e agora tá tudo certo. Equilíbrio é tudo: um "foda-se" pra começar o dia, um "bom dia" pra manter a paz e um "obrigado" pra quem se importou.

A gente desiste da luta por medo de sangrar e se machuca no outro dia mesmo sem lutar.

Eu me exilei em meu interior
Visitei lugares incríveis
Conheci pessoas com brilho
Ouvi histórias da minha vida
Nadei nu na minha fonte
Coloquei meu ego pra dormir

Vou ficar mais um pouco
Eu sou bem melhor visto de dentro

É tão bom voltar a sentir o cheiro e o gosto das coisas, das pessoas, da vida...

Passado e futuro nos tiram o sono, e quem acorda no outro dia é o presente.
O presente é tudo que somos.

O peso do passado e o excesso de futuro ofuscam a nossa visão. Nós deixamos de reparar na beleza das coisas. Parece que nada tem sabor, que nada será como antes e que o que está por vir, talvez, seja bem melhor. É tudo sabotagem. O tempo acontece agora e escorre entre os dedos. Sua vida é seu presente. Seja e faça.

Eu sempre concluí estar velho demais para começar as coisas. Esse é o problema, eu nunca fui velho, são apenas números e foda-se o que vão pensar de você. Apenas comece.

Eu sempre achei que seria incapaz de ser um escritor, eu desisti muitas vezes. Esse livro também é um recomeço.

# Sobre o tal do amor-próprio e outras providências

ACALMA SEU CORAÇÃO

TUDO NA VIDA É ESTAÇÃO


TEMPO FEIO

Você precisa se cuidar como se você fosse a sua única saída. E é.

Eu não consigo entender esse negócio de se submeter a relacionamentos tóxicos em nome do amor. Isso não é amor, isso é medo.

O amor-próprio é um caminho sem volta que te leva a lugares que você nem imaginava possuir. A solidão vira uma casinha na montanha onde você adora passar uns dias. O espelho começa a sentir sua falta e te flagra sorrindo pela casa sem motivo. Você começa a andar mais leve e alguns olhares já não pesam mais como antes. Aonde você vai chegar ninguém sabe, mas qualquer lugar será melhor que onde você estava ontem.

...E uma hora você percebe que os erros foram tão importantes quanto os acertos.

Em São Paulo, a capital do caos, uma criança corre de encontro ao pai com uma bexiga vermelha na mão, escrito em branco "Te amo papai". O pai se agacha e a recebe com dois braços escudos e um beijo de orgulho que não acaba mais. Tudo que existe de pior nesse mundo parou por três segundos para admirar essa cena. O amor ainda vence, o amor chega lá.

Colocaram preço na felicidade, mas a que eu busco é de graça.

Nem todos estão preparados para a sua evolução.
Foda-se!

O afeto ainda é remédio para dias doentes.

Eu só quero a tranquilidade das pessoas que já compreenderam que o amor não é um jogo, que sobreviver já é uma batalha e que quem vive ao seu lado não apenas é um aliado, mas também o motivo de você enfrentar todo esse caos aí fora, o motivo do seu sorriso bobo após um péssimo dia no trabalho. Eu só preciso mesmo é de um amor real, que já sacou que esse negócio de "casal perfeito" é pra quem ainda se ilude com foto tratada, com contos de fadas, com pessoas fabricadas e com todo esse mundo de plástico aí fora. Eu quero dividir meus sonhos, e eles são pequenos e grandes ao mesmo tempo, atravessam casas ou oceanos, mas são todos possíveis. Eu quero que seja gostoso: no gosto, no beijo, na cama... Que me deixe com água na boca ao lembrar de tudo o que a gente já fez. Eu quero dividir a dor – porque ela é inevitável –, quero dividir o frio – porque ele é inevitável –, quero dividir o cansaço e o sol de verão que castigará nossos dias. Quero tanta coisa, mas quero mesmo é poder construir dias felizes... Felizes, mas tão felizes, que os dias tristes serão apenas dias menos felizes que outros dias que virão.

Para saber o poder das palavras é preciso soltá-las.

O tempo ainda prova que nada é difícil pra sempre.

Dançar até a música acabar e o sol anunciar que a tristeza foi embora.

Eu vejo pessoas fodas se submetendo a coisas horríveis.

Em troca de quê? Em troca de amor?

Você compreende a contradição?

É importante entender esse lance da *felicidade*. *Ser feliz* é uma conclusão. O *ser* é resultado do *estar*. A felicidade é um momento que dura pouco ou muito. Ela frequentemente será interrompida por sentimentos ruins. A vida é assim pra todo mundo, até mesmo pra quem finge que é feliz o tempo todo. É importante entender isso para não se frustrar. Já ouviu falar nos pequenos prazeres da vida? Tomar o café do qual você gosta, brincar com seu gato, ouvir sua música, ler um livro... Pequenas doses de alegria pro seu pote de felicidade. Já se imaginou sem essas coisas ou sem outras coisas que você ainda não compreendeu que são simples, porém de muita importância para sua saúde mental? Você precisa se agradar, e não é autobajulação, é cuidar bem do que você tem de mais importante nesse mundo: a sua vida.

Passei um final de semana sozinho, mas esse foi diferente. Eu gostei da minha companhia, dancei na sala e até gargalhei diante do espelho. Cada dia que passa eu conheço novas maneiras de me encontrar, me aceitar e me divertir.

Eu olho pras pessoas e vejo gaiolas. Quando elas irão se libertar?

Nós somos tanta coisa boa, somos tão capazes de tudo, mas insistimos em viver em prisões que outros criaram e onde nós acabamos entrando. São tantas cartilhas para seguir que, se você tentar seguir apenas a metade delas, já não será possível. Corpo, comportamento, profissão… Parece que nada nos pertence, tudo é mais para os outros do que para nós. Todo dia é uma gaiola diferente. Uma hora você percebe que está preso de todos os lados, são boletos impedindo a saída pela porta e até pelas janelas, são dívidas que você acumulou para poder provar para alguém que você era capaz… Capaz de ser alguém que na verdade você nem gostaria de ser.

O medo também prende, é a gaiola mais difícil. É a primeira que você tem que quebrar.

Deixe a coragem voar e ela irá buscar o que te falta.

Leve música para o trem. Leve livros para os intervalos. Leve seus olhos para o céu. Sinta o cheiro das coisas: das comidas, das flores, dos lugares. O mundo é um caos, eu sei, mas quem disse que você não pode ser paz? Em pequenos detalhes vivem grandes recompensas.

Eu não sei mais me sentir rejeitado. Ao menor sinal de desinteresse, mudo minha rota e sigo meu caminho. Sem rancor, sem mágoa. A vida é assim mesmo, todos temos sonhos diferentes. Muita gente não vai se interessar por você, assim como você também não vai sentir atração por determinadas pessoas. Por mais que o amor pareça um eterno desencontro, eu acho que ele só está esperando você chegar. E uma hora você chega, todo mundo chega.

Você identifica a distância uma pessoa apaixonada por si mesma.

Quando você se cuida, quando você se gosta, quando você já não quer provar nada pra ninguém, você começa a entender que as chaves para as portas fechadas sempre estiveram no seu bolso.

# Sobre a paixão e outras consequências

MEU MAIOR MEDO?

ACORDAR E PERCEBER QUE NAÕ ME APAIXONEI POR NADA NOS ÚLTIMOS DIAS.

TEMPO FEIO

Quando é leve
Te leva
E você nem vê

Aquele olhar
que te prende
te rende
e te leva

Tentou prender o amor no peito

Mas ele sempre escapa

Se envolve em problemas

Depois volta pra casa

Viajar

Sair sem destino

Se perder um no outro

Se encontrar pouco a pouco

Que bom seria

Amar doze horas por dia

Perder a hora do café

Almoçar qualquer coisa na cama

Discutir a economia do sexo

Cansar, descansar, levantar

Tomar um banho e voltar a amar

A gente se provou

Se vestiu

Se encaixou

E não quer mais se trocar

Não foram os filtros
Nem as fotos tratadas
Não foram os likes
Nem as frases elaboradas
Foi sua risada gostosa
Sincera, despretensiosa
Quase sem querer
Compartilhada

O amor tá pouco se fodendo se você é réu primário.

Condenado
A sabe-se lá quantos anos
Viver nessa imensidão
– que seja prisão perpétua
que eu não me livre da meta
do corredor da sorte –
Só temo a própria morte
que eu não posso cumprir
– no entanto, vou cuspir nos jurados
vou ser preso malcriado
e não há magistrado
que me tire daqui.

## DISCIPLINA

Atraídos pela química
Unidos pela física
Eternizados pela história

Não deixe de falar sobre aquilo que te excita.

Chega logo e traz só o essencial:
Você, seu sorriso, tesão e um vinho.

Já separei até a roupa pra você tirar.

Fala em meu ouvido o que você quer que eu faça e deixa o resto comigo.

Te ver logo pra pôr em prática o que eu imaginei a semana inteira.

Imagina nós dois
Só isso mesmo
Imagina nós dois

Te chupo com vontade porque tenho sede de você.

Não conseguimos esconder nosso tesão, e isso é foda, você não imagina o quanto. Gosto de saber que você me deseja, gosto de provocar, gosto de ver na sua cara a vontade de rasgar minha roupa, gosto de ver seu corpo suado e exausto na cama. Você não imagina o que seu cheiro desperta em mim, assim como seu gosto. Eu ficaria com seu sabor a vida inteira, então deixo minha língua ao seu dispor. Não existe nada mais sincero que a maneira como a gente transa. A gente precisa um do outro, a gente se sustenta.

Minha boca não cansa de caminhar no teu corpo.

Minha cama
Sem você
É deserto
E sede

Gosto quando o sexo começa no olhar: um olhando pro outro com o desejo estampado na cara. Na mesa do bar, apenas dois copos, mas a imaginação vê a gente fodendo gostoso ali mesmo. Gosto de ficar olhando e pensando como serão as próximas três horas, como eu vou tirar sua roupa e onde eu vou chupar primeiro. Também gosto de imaginar a gente transando no caminho porque a vontade era tanta que nem deu tempo de chegar no quarto.
Gosto quando o sexo começa nas palavras: você dizendo, a semana inteira, tudo aquilo que queria fazer comigo. Dizendo que teve até que tomar um banho de madrugada, pois não estava aguentado de tanto calor... E que, quando me encontrar, você vai me dar muito trabalho. Gosto quando você manda áudio com voz de quem quer

transar a noite inteira, gosto de sentir o desejo na sua voz e gosto principalmente de imaginar que ela está falando um monte de putaria no meu ouvido.

Gosto quando o sexo começa no toque: sua boca em minha nuca e a ponta da língua percorrendo o meu pescoço. O corpo arrepiado e um calor sobrenatural tomando conta de todas as extremidades possíveis.

Gosto quando as mãos começam a invadir a minha roupa e me apertam com força, como se estivessem com raiva de tanto tesão. E na verdade é isso mesmo, é tanto tesão que sinto até raiva.

Aguardo sua boca

Como o céu

Aguarda a lua

Só de encostar eu enlouqueço.

Química é foda, só de encostar eu enlouqueço. Parece que sua pele é o vício da minha. Êxtase é o resultado da sua língua na minha virilha. A gente aprendeu juntos que calcinha se tira com a boca, que na cara também se senta, que tapa se dá com vontade, e com mais vontade ainda se chupa. Falando nisso, eu queria que sua boca morasse em meu corpo, queria dormir com ela no ouvido e acordar com ela mordendo qualquer lugar. Você é a única droga em que eu fiz questão de viciar, é a única overdose que eu planejo. A parte ruim é que lá no fundo eu sinto que um dia isso vai acabar. Então não me jure amor eterno, não me prometa porra nenhuma, eu não vou pagar consórcio de amor nenhum, eu quero o seu melhor agora, eu quero você na minha cama, na minha sala, na minha vida. Quero que minutos virem dias, que a gente derreta junto com o planeta, quero que às vezes você desapareça, só pra vontade aumentar... E se isso for amor, e se um dia ele acabar, quero que você vista as calças e vá embora.

Esse negócio de te querer todo dia é vício ou sintonia?

Vontade de passar, te pegar

e te pegar até a vontade passar

Me espera
pois tu é mar
e eu sou rio
prestes a chegar

Esse negócio que eu sinto por você é o tal do negócio que ninguém sabe explicar.

## QUARENTENA

Já sonho, lá na frente
a gente se abraçando
e rindo sem parar
em nosso bar preferido
ou em casa
ouvindo discos antigos
dançando entre gritos
sem medo, sem receio
sem limites, sem vergonha
de se esfregar

Se a lembrança vem com um sorriso
Fodeu sim.

O amor,
não é que ele
veio?

EU SEI, TEM MUITA GENTE te QUERENDO.

A DIFERENÇA É QUE EU TE QUERO PRA SEMPRE.


TEMPO FEIO

Não importa a estação
Quando você chega
É verão

Que nossas conversas durem horas
Nossos beijos durem anos
E nosso amor dure vidas

Um café pra acordar

Um sol pra viver

Um som pra sonhar

Um te amo pra dizer

Só quero minhas manhãs com o cheiro do café e do seu perfume se espalhando pela casa.

Eu te abraço e seu cheiro fica em mim
Por isso quero te abraçar todo dia
Pra te cheirar sem fim

Chegou com seu "bom dia"
Perfume e café na mesma brisa
E como eu já previa
O meu dia ficou bom

## UMA CARTA DE AMOR

O tempo tá feio, amor, eu sei. E não é só um dia que começa nublado numa manhã de domingo, quando a gente se esconde embaixo do edredom e espera o sol brilhar. Ele continua brilhando lá fora, mas existe uma tempestade dentro do peito de cada um. Quem não chora pra fora chora pra dentro, mas ninguém deixa de sentir. Eu não sei se vai ficar tudo bem porque, afinal, o que é "tudo bem"? Tudo bem pra mim somos nós dois juntos e com saúde em qualquer lugar que seja. Tudo bem é olhar pra você depois de um dia difícil e ver que tudo valeu a pena. Se for isso, eu te garanto: eu estarei lá até que tudo fique bem. Eu poderia te escrever um monte de coisa bonita que eu roubei dos versos dos poetas, te prometer a segurança que eu roubei do discurso dos políticos, te prometer o futuro que eu roubei dos astrólogos... Mas eu só prometo a minha vontade de te fazer feliz, porque isso é a única coisa que eu tenho – e é tanta que tenho até medo de que seja roubada. Ninguém vai sair ileso dessa, eu já vejo as marcas no meu rosto. Algumas pessoas estão enlouquecendo, outras não estão nem aí. O dinheiro diminuiu, o preço no mercado subiu e, pra ajudar, o presidente é um imbecil. Desculpa colocar isso nesta carta, mas o amor é muito mais que uma palavra escrita num porta- retratos. O amor é sobre não desistir, se reinventar e seguir em frente. É sobre ter uma história bonita e triste pra contar lá na frente. Seja para os vizinhos ou para os netos, nós sempre teremos histórias bonitas e tristes pra contar. Não dá pra ser feliz todo dia, mas dá pra tentar.

Nós somos a soma perfeita de dois problemas que ninguém foi capaz de resolver.

E quando você enlouquecer
Te amarei sem juízo

Olha nós

Viajando sem data pra voltar

Casando numa praia

E de testemunha

O mar

Eu não te escolhi
Eu não te planejei
Você chegou até aqui
E daqui sem você
Eu já nem sei

Percebi que era você quando te peguei invadindo meus sonhos e eu nem achei ruim.

Eu quero uma rotina com você
E mesmo que seja rotina
Eu vou chamar de "viver"

Você é um dos lugares onde eu mais gosto de ficar.

Traz a mala grande, de repente cê nem volta.

Tudo que te digo é sincero e ainda pego leve para não soar exagerado.

Te vejo distraída com um sorriso no rosto e agradeço a tudo o que eu posso agradecer.

Tenho pensado tanto em você que acho que essa cabeça nem é mais minha.

A vida não tá fácil, meu amor, mas ficou bem mais doce depois que você chegou.

Acordei assustado
e não te vi do meu lado
senti o cheiro do café
e ri aliviado

Um sofá

Com espaço para nós

Nossos sonhos

Nossas vontades

E que resista aos domingos

Em que você não estiver

O amor não está nos livros
Está em quem lê

# coleção Compartilha

A diversidade de vozes que se fazem ouvir nas redes socias deu uma pista certa para Crivo Editorial: repercurtir múltiplos autores e múltiplas histórias e escritas presentes na web. Vozes repletas de vivências, significados e sentidos...Vozes diversas que se fazem ouvir diariamente! Esta é a Coleção Compartilha! Um novo espaço na Crivo, para autores da internet.
Curtir, interagir e compartilhar!

AUTORES:

Volume 1: "500 dias sem você" - Samantha Silvany
Volume 2: "Diálogos com o coração" - Daniel Araújo
Volume 3: "Até voltar às raízes" - Gabi Artz
Volume 4: "Falo sobre o amor, mas não te explico" - Joice Rosa.
Volume 5: "Palavras para gritar em meio ao caos" - Filipe Mantovan

Este livro foi composto em Din e Garibaldi, sobre o Cartão Supremo 250g/m², para a capa; e o Pólen Soft 80g/m², para o miolo. Foi impresso em outubro de 2020, para a Crivo Editorial.